Paleta de Diez Colores

reloj de versos

© FERNANDO DEL PASO, 1992.

© Derechos Reservados:

 CIDCLI, S.C.
Centro de Información y Desarrollo
de la Comunicación y la Literatura Infantiles.
Av. México 145-601
Col. del Carmen Coyoacán
C.P. 04100, México, D.F.

Esta primera edición se coedita con la

 Dirección General de Publicaciones
del Consejo Nacional para la Cultura y las Artes.

Primera edición, **abril 1992.**
ISBN 968- 494 -053-X

Impreso en México / *Printed in Mexico.*

Reproducción fotográfica: Rafael Doniz

Fernando del Paso

Paleta de Diez Colores

Ilustraciones de Vicente Rojo

EL BLANCO

Contener el arcoíris
no hace al blanco menos leve:
pregúntaselo a la espuma...
pregúntaselo a la nieve...

EL ROSA

Solo, el rosa, es un color.
En la bella compañía
de una rosa,
es una flor.

EL NEGRO

De sus fulgores no haría la luna
tanto derroche,
si el negro no le diera
como marco, el color de la noche.

EL AMARILLO

Son
un solo sol,
cuando son un solo brillo,
el oro y el amarillo.

EL GRIS

Si tu mirada subes,
verás que el gris, distraído,
está en las nubes
entre el blanco y el negro
desvanecido.

EL ROJO

El rojo apagado
se hace rojo vivo
de unos labios prendado,
a una boca prendido.

EL VERDE

Siendo verde la verdura
cuando tierna,
debe ser también el verde
el color de la ternura.

EL NARANJA

Se antoja el naranja
un color redondo,
rodeado de un prestigio
mondo y lirondo.

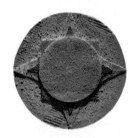

EL AZUL

El azul se pinta solo
—de Norte a Sur y de Este a Oeste—
para pintar al cielo
de azul celeste.

EL MORADO

Es en aras de la rima
que en la mente del poeta,
es el morado:
el oscuro enamorado
de una pálida violeta.

Paleta de Diez Colores se acabó de imprimir en el mes de
abril de 1992, en los talleres de Litográfica Delta, S.A.
Pascual Orozco 47, 08640 México, D.F:
El tiraje fue de diez mil ejemplares.